English-Spanish
Inglés-Español

For Ages 4–7
De 4 a 7 años

Hands Are Not for Hitting
Las manos no son para pegar

Martine Agassi, Ph.D.

Ilustrado por Marieka Heinlen
Traducido por Alejandra Schmidt

free spirit
PUBLISHING®

Library of Congress Cataloging-in-Publication Data
Agassi, Martine, 1966–
[Hands are not for hitting. Spanish & English]
Hands are not for hitting = Las manos no son para pegar / Martine Agassi ; illustrated by Marieka Heinlen ; translated by Alejandra Schmidt.
p. cm.
ISBN-13: 978-1-57542-310-4
ISBN-10: 1-57542-310-3
1. School violence—Prevention—Juvenile literature. 2. Anger—Juvenile literature. 3. Hand—Juvenile literature. 4. Early childhood education—Activity programs—Juvenile literature. I. Heinlen, Marieka, ill. II. Title. III. Title: Manos no son para pegar.
LB3013.3.A33218 2009
371.7'82—dc22

2008037463

ISBN: 978-1-57542-310-4

Cover and interior design by Marieka Heinlen
Edited by Marjorie Lisovskis
Translation edited by Dora O'Malley

Printed by: 590835
Printed in: China

Free Spirit Publishing
An imprint of Teacher Created Materials
9850 51st Avenue North, Suite 100
Minneapolis, MN 55442
(612) 338-2068
help4kids@freespirit.com
freespirit.com

FSC www.fsc.org MIX Paper from responsible sources FSC® C155903

To J.C., whose faithfulness in my life gives me purpose, strength, and peace.

Acknowledgments

Thank you to Andre; you'll never know the extent to which your generosity has enriched the lives of our family.

Forever thanks to my parents, Mona and Jack. Amongst so much, you've always been my safety net. My gratitude overflows.

To my daughter, Carter, God's love is ever present in you. Thank you for making my heart smile.

Finally, to my husband, Phillip, thank you for always encouraging my every dream. Because of you, I've become a better person.

Para J.C., que al creer en mí, me da razón de vivir, entereza y paz.

Agradecimientos

Gracias, Andre. No sabes cómo tu generosidad ha enriquecido la vida de nuestra familia.

Agradezco eternamente a mis padres, Mona y Jack, quienes me han dado apoyo y seguridad. Mi gratitud hacia ustedes es enorme.

A mi hija, Carter, el amor de Dios vive en ti. Gracias por hacer sonreír mi corazón.

Finalmente, a mi esposo, Phillip, gracias por alentar cada uno de mis sueños. Gracias a ti me he convertido en una persona mejor.

A portion of proceeds from the sales of this book will be donated to the Andre Agassi Foundation, which lends a helping hand to children in need or at risk.

Una parte de las ventas de este libro serán donadas a la Fundación Andre Agassi, que brinda ayuda a los niños necesitados o en riesgo.

Dear Grown-Ups,

It's a great privilege to be involved in the life of a child, whether as a parent, stepparent, teacher, childcare provider, group leader, or friend. It's also an awesome responsibility. Part of our job as caring adults is to instill and nurture values that will guide the child now and in the future. One of the most important values is a commitment to peaceful actions and nonviolence.

We must help children know and understand that violence is never okay, and that they are capable of constructive, loving actions—of making good choices. These are the central themes of *Hands Are Not for Hitting.* These themes go hand-in-hand with messages of love, kindness, acceptance, responsibility, patience, encouragement, perseverance, honor, and loyalty. All children can learn to use their hands to care for themselves and others.

Hands Are Not for Hitting is meant to be read aloud—to one child, a group, or a class. It gives simple, straightforward reasons why hitting is harmful and unhealthy. It encourages children to think about and practice behaviors that build a sense of self-esteem, self-awareness, respect, caring, responsibility, and fun.

At the end of the book, you'll find background information, ideas for more activities to do together, and resources that support and expand the book's message.

I hope you'll share this book again and again to reinforce children's understanding and appreciation of their own abilities. Emphasize that all children have the power to use their hands—and the rest of their body—in positive ways.

A big hand to you!

Love,

Marti

Queridos adultos:

Es un gran privilegio formar parte de la vida de un niño, ya sea como padres, padrastros, maestro, líder de grupo, amigo o todos aquellos que tienen a su cargo el cuidado de los niños. Es también una enorme responsabilidad. Parte de nuestro trabajo como adultos responsables es inculcar y nutrir los valores que guiarán a los niños hoy y en el futuro. Uno de los valores más importantes es compremeterse a actuar en forma pacífica.

Debemos ayudar a los niños a comprender que la violencia no conduce a nada, y que ellos son capaces de realizar acciones constructivas y afectuosas, eligiendo las opciones apropiadas. Estos son los temas centrales de *Las manos no son para pegar.* Estos temas van de la mano con mensajes de amor, bondad, tolerancia, responsabilidad, paciencia, voluntad, perseverancia, honor y lealtad. Todos los niños pueden aprender a usar sus manos para cuidarse a ellos mismos y a los demás.

Las manos no son para pegar es un libro para leer en voz alta a un niño, a un grupo o a toda la clase. Ofrece razones simples y directas de por qué golpear es peligroso y dañino. Anima a los niños a pensar en un comportamiento que los ayude a construir autoestima, autoconciencia, respeto, dedicación, responsabilidad y diversión.

Al final del libro encontrará información e ideas de actividades para realizar junto a los niños, y recursos que apoyan y amplían el mensaje del libro.

Espero que comparta este libro una y otra vez con los niños para ayudarlos a comprender y apreciar sus capacidades. Recuérdeles a cada momento que ellos tienen el poder de usar sus manos —y el resto de su cuerpo— en forma positiva.

¡Un aplauso para ti!

Cariños,

Marti

Hands come in all shapes, sizes, and colors.
There are lots of things your hands are meant to do.

Las manos son de varias formas, tamaños y colores.
Tus manos sirven para hacer muchas cosas.

Hands are for saying hello.

Las manos son para saludar.

Hands are for greeting and communicating. There are many friendly ways you can use your hands to communicate. You can shake hands.

Las manos son para saludar y comunicarse. Hay muchas maneras de usar las manos para comunicarse amablemente. Pueden darse las manos.

Try it now. Shake hands with the person next to you.

Inténtalo. Dale la mano a la persona que está a tu lado.

You can wave to a friend. You can draw pictures or write words.

Puedes moverlas para saludar a un amigo.
Puedes dibujar y escribir.

I can tell a story
with my hands.

Puedo contar cuentos
con mis manos.

There's something that hands are NOT for.
Hands are not for hitting. Hitting isn't friendly.

Las manos NO sirven para todo.
Las manos no son para pegar. Pegar no es amistoso.

Hitting hurts.

Pegar duele
y lastima.

How does it feel when someone hits? It hurts a person's body. It hurts a person's feelings, too.

¿Cómo se siente cuando alguien nos pega? Nos duele el cuerpo. También lastima nuestros sentimientos.

Why do people hit?
Sometimes they feel . . .

¿Por qué pegan
las personas?
A veces
se sienten . . .

sad
tristes

jealous
celosos

scared
asustados
Here comes that kid who teases me . . .
Ahí viene el niño que se burla de mí . . .
angry
enojados
I don't like it when my sister takes my things!
¡No me gusta que mi hermana tome mis cosas!

Sometimes people want to be the boss of someone.

A veces las personas quieren mandar a alguien.

Have you felt these ways? Maybe you wanted to hit someone. But hands are not for hitting.

¿Te has sentido así? Quizás pensaste pegarle a alguien. Pero las manos no son para pegar.

There are other ways to let your feelings out.

Hay otras maneras de expresar tus sentimientos.

We can use our words.

Podemos usar nuestras palabras.

Can you think of more ways to let your feelings out?

¿De qué otras maneras podemos expresar nuestros sentimientos?

After a while, you'll feel better. When that happens, you and your hands can play again. Hands are for all kinds of playing.

Después de un rato, te sentirás mejor. Cuando eso pase, podrás jugar otra vez. Las manos sirven para todo tipo de juegos.

How do you use *your* hands to play?

¿Cómo usas *tus* manos al jugar?

Hands are for learning—for counting, tying, painting, and asking questions.

Las manos son para aprender a: contar, atarse los zapatos, pintar y hacer preguntas.

Hands are for making music—for snapping, clapping, or tapping out a beat.

Las manos son para crear música: chasquear los dedos, aplaudir, dar golpecitos rítmicos.

Can you clap a beat? Give it a try!

¿Puedes aplaudir con ritmo? ¡Inténtalo!

Hands are for working together. Hands are for playing, learning, doing, and building.

Las manos son para trabajar en equipo.
Las manos son para jugar, aprender y construir.

Hands are not for hitting. Hitting is never okay. So what can you do when you and your friend don't get along?

Las manos no son para pegar. Nunca está bien pegar. Entonces, ¿qué puedes hacer cuando tienes un problema con un amigo?

You can try to solve the problem together.
You can talk about it. You can listen.

Pueden tratar de solucionar el problema juntos.
Puedes hablar acerca del problema. Puedes escuchar.

You can try to understand how your friend feels. Your friend can try to understand how *you* feel. You can think of ways to make things right.

Puedes tratar de entender los sentimientos de tu amigo. Tu amigo puede tratar de entender cómo te sientes *tú*. Puedes pensar en cómo solucionarlo.

What if your friend yells, kicks, pushes, or hits? You don't have to fight back. You can walk away. You can find something else to do, or someone else to play with, or an older person who can help.

¿Qué pasa si tu amigo grita, patea, empuja o pega? Tú no tienes que hacer lo mismo. Puedes alejarte. Puedes buscar otra cosa que hacer, a otra persona con quien jugar o a una persona adulta que te pueda ayudar.

You can tell your friend, "Hands are not for hitting."

Puedes decirle a tu amigo: "Las manos no son para pegar".

Hands are for keeping safe. Think of all the ways your hands can keep you safe!

Las manos son para manternernos seguros. ¡Piensa en todas las formas que puedes mantenerte seguro con tus manos!

Hands are for helping. There are many ways you can use your hands to be a helper.

Las manos son para ayudar. Hay muchas formas en que puedes utilizar las manos para ayudar.

How do you make yourself handy?

¿Qué puedes hacer para ayudar?

Hands are for taking care of *you*.
They're for putting on pajamas, washing your face, combing your hair, brushing your teeth, and turning out the light at bedtime.

Las manos son para cuidarte.
Para ponerte el pijama, lavarte la cara, peinarte, cepillarte los dientes y apagar la luz a la hora de dormir.

What do *you* do to take care of you?

¿Qué haces para cuidar de ti mismo?

Hands are for helping. Hands are for caring. Hands are for keeping you healthy and safe.
Hands are not for hitting.

Las manos son para ayudar.
Para proteger. Para mantenerte saludable y seguro.
Las manos no son para pegar.

It's not okay for grown-ups to hit, either.

Tampoco está bien que los adultos peguen.

Hitting hurts.

Pegar duele.

Hitting isn't safe.

Pegar es peligroso.

Hitting is never okay.

Nunca está bien pegar.

Hands are for being kind
and showing love . . .
Go ahead—high five the
person next to you!

Las manos son para ser respetuoso
y demostrar amor . . .
¡Vamos, choca la mano con
la persona que está a tu lado!

Hands are for saying good-bye!

¡Las manos son para decir adiós!

Activities, Discussion Starters, and Tips for Grown-Ups

Hello Hands

Talk about all the ways people use their hands to say hello. Try different types of greetings and come up with new ones of your own.

Talking Hands

Discuss ways we use hands to talk. Then do activities that let you communicate in a variety of ways: Use crayons or finger paints to write your names. Use charades, picture drawings, or sign language to communicate actions such as eating, sleeping, or building. Use your hands, along with faces and bodies, to show different feelings.

Talking About Hitting

Discuss the ways hitting hurts: It hurts people's bodies and feelings. It hurts both the person being hit and the person who does the hitting. Talk about why people sometimes want to hit: because they may feel angry or upset about someone or something.

Feelings Faces

Together, think of as many words for feelings as you can. Have children draw or make a face to correspond to each feeling.

Handling Feelings

Tell children that it's okay to have strong feelings like anger, jealousy, or fear. There are acceptable ways to show these feelings and to help them go away—ways that are safe and that don't hurt people's feelings. Discuss the ideas shown in the book and also encourage children to suggest other ways to deal with intense feelings.

Paired Hands

Put one hand in your pocket and keep it there. Then work in pairs, each person using one hand so that together you have two hands. Talk about how two people working together can create something fun and unique. What if the two people decided to fight instead of work together? Take time to discuss the many ways people use their hands to play, learn, and work together.

"No" Talk

An important part of children's safety is knowing what to do when another child or an older person tries to get them to do something that doesn't feel right. Tell children that they can say "no" in a big voice, run away to a safe place, and tell an adult they trust about what happened.

Talk about the kinds of things children say "no" to (fighting, being mean to others, dangerous play). Encourage children to find words as well as hand and body gestures for saying "no." Discuss different ways they can say "no": "Stop it." "I don't want to play like that." "NO."

Feeling Safe at Home

Children need to know that they have safe recourse from violence in their own home. Help them figure out a safe place to go if there is fighting at home. Teach them that, if they don't feel safe at home, they can call 911 and tell the operator their name and address and that there's a fight going on.

Help children identify trusted adults they can talk to about things that feel wrong to them. If they can't get help at home, they might talk to a grandparent, an aunt or uncle, a teacher, a caregiver, or a leader at a place of worship.

Helping Hands

Use your hands to pantomime helping activities. Talk about ways children help at home and school. Also pantomime and discuss the many things people do each day to take care of themselves: sleeping, getting exercise, eating healthy foods, and so forth.

Kindly Hands

Talk about the many ways people can use their hands to show kindness and love. When talking about hugging, emphasize that hugging feels good when both people want the hug. Let children know that they can say "no" to a hug and that it is often appropriate to ask others if they want a hug.

Good-Bye Hands

Make up your own special signal for saying good-bye.

If there is fighting in your home and you need help, reach out. Call 911 or a local shelter hotline. Stay with friends or family. Talk with a family counselor, therapist, or clergy person. Your child's school counselor may also be able to refer you for help. Low-cost or free services are often available. Keep looking until you find a person or an organization to help you.

If you suspect that a child is being abused, contact your local Social Service Department, Child Welfare Department, Police Department, or District Attorney's office. If you teach in a public or private school setting, consult first with your school principal or director to learn the established course of action.

Actividades, temas para conversar y consejos para los adultos

Manos que saludan

Hable de las diferentes maneras que las personas usan sus manos para saludar. Trate distintos tipos de saludos y piense en algunos nuevos.

Manos que hablan

Converse acerca de las distintas formas que usamos nuestras manos para hablar. Luego realice actividades para comunicarse de varias maneras: use crayones o pintura de dedos para escribir sus nombres. Use acertijos, dibujos o el lenguaje de signos para comunicar acciones como comer, dormir o construir. Use las manos, la cara y el resto del cuerpo para mostrar diferentes sentimientos.

Conversemos de los golpes

Hable sobre las distintas maneras en que pegar hiere: lastima nuestro cuerpo y nuestros sentimientos. Lastima a la persona que recibe el golpe y a la que lo da. Converse de las razones por qué las personas golpean: están tristes o enojadas con alguien o por algo.

Caras que expresan sentimientos

Piensen en conjunto muchas palabras que expresen sentimientos. Pídales a los niños que dibujen una cara para cada sentimiento.

Control de los sentimientos

Dígales a los niños que está bien tener sentimientos fuertes como rabia, celos o miedo. Enséñeles que hay maneras apropiadas de expresar estos sentimientos sin herir a uno mismo y a las demás personas. Converse sobre las ideas que aparecen en este libro y motive a los niños a sugerir otras maneras de tratar con los sentimientos fuertes.

Manos en pareja

Guarda una mano en el bolsillo y mantenla ahí. Luego trabaja en pares: cada persona usa una mano y en conjunto tendrán dos manos. Converse acerca de cómo dos personas que trabajan en equipo pueden crear algo divertido y único. ¿Qué pasaría si deciden pelear en vez de trabajar juntos? Discutan las distintas formas en que usamos nuestras manos para jugar, aprender y trabajar en equipo.

Decir "No"

Un factor importante en la seguridad de los niños es que aprendan qué hacer cuando otro niño o un adulto les pide hacer algo que los hace sentirse incómodos. Dígales a los niños que pueden decir "no" con voz firme, irse a un lugar seguro y contarle a un adulto en quien confíen lo que ha pasado.

Nombre las cosas a las que los niños pueden decir "no" (pelear, ser malos con los demás, juegos peligrosos). Motívelos a encontrar las palabras y la forma de usar las manos y el resto del cuerpo para decir "no". Hable de las distintas maneras que pueden decir "no": "Detén eso". "No quiero jugar así". "NO".

Seguridad en la casa

Los niños necesitan saber que tienen recursos que los protegen de la violencia en sus hogares. Ayúdelos a reconocer un lugar seguro al que puedan ir si se entabla una pelea en su casa. Enséñeles que si no se sienten seguros pueden llamar al 911 e informarle a la operadora lo que está sucediendo y darle su nombre y dirección.

Ayude a los niños a identificar adultos de confianza con quienes hablar sobre las cosas que les parecen están mal. Si no pueden conseguir ayuda en casa, pueden tratar de hablar con un abuelo, un tío o tía, una maestra, alguien encargado del cuidado de niños, o un líder en la iglesia.

Si hay una pelea en su casa y necesita ayuda, pídala. Llame al 911 o al refugio de la comunidad. Quédese con amigos o familia. Hable con el consejero familiar, el terapeuta o algún miembro de su iglesia. El consejero de la escuela de su hijo también puede ayudarle a conseguir ayuda. Siempre hay servicios disponibles de bajo costo o gratis. Busque hasta que encuentre a una persona u organización que pueda ayudarlo.

Si sospecha que un niño es víctima del abuso, contacte al Departamento de Asistencia Social, al Departamento de Seguridad Pública, al Departamente de Policía o a la Oficina del Fiscal del Distrito. Si enseña en una escuela privada o pública, consulte primero con el director de la escuela qué tipo de acción debe seguir.

Manos serviciales

Use las manos para representar una pantomima de actividades de servicio. Hable de las formas en que los niños ayudan en la casa y en la escuela. Represente también las múltiples cosas que la gente hace todos los días para cuidarse: dormir, hacer ejercicio, comer comida saludable, etc.

Manos amables

Hable de las distintas maneras en que se usan las manos para demostrar amabilidad y cariño. Cuando se refiera a los abrazos, realce que los abrazos son buenos cuando ambas personas los desean. Dígale a los niños que ellos pueden decir que "no" a un abrazo y que es apropiado preguntar a los demás si quieren recibir un abrazo.

Manos que se despiden

Invente su propia seña para decir adiós.

About the Author and Illustrator
Acerca de la autora y la ilustradora

Martine Agassi, Ph.D., is an award-winning children's book author and creator of *Hands Are Not for Hitting,* which inspired Free Spirit Publishing's Best Behavior series. As a behavioral therapist, she has extensive experience with counseling children and families in schools, residential facilities, foster care, and private practice. She has led workshops and group counseling in communication skills, parenting, drug and child abuse prevention, divorce, and self-esteem. Martine, her husband, and their daughter live in Las Vegas, Nevada.

Martine Agassi, Ph.D. es una galardonada autora de libros para niños y la creadora del libro *Las manos no son para pegar,* el cual inspiró la serie Best Behavior de Free Spirit Publishing. Como terapeuta de conducta, cuenta con una amplia experiencia ayudando a niños y sus familias en las escuelas, internados, centros de adopción y práctica privada. Ha dirigido talleres y grupos de orientación acerca de comunicación, crianza, prevención de drogas y abuso en menores, divorcio y valoración personal. Martine, su marido y su hija viven en Las Vegas, Nevada.

Marieka Heinlen launched her career as a children's book illustrator with the award-winning *Hands Are Not for Hitting.* As a freelance illustrator and designer, Marieka focuses her work on materials for children, teens, parents, and teachers, including other books in the Best Behavior series and the Toddler Tools board book series. She lives in St. Paul, Minnesota, with her husband, son, and daughter.

Marieka Heinlen lanzó su carrera como ilustradora de libros para niños con el libro premiado *Las manos no son para pegar.* Marieka enfoca su trabajo de ilustradora y diseñadora en materiales para niños, adolescentes, padres y maestros, incluyendo otros libros de la colección Best Behavior y la serie de libros de cartón Toddler Tools. Vive en St. Paul, Minnesota, con su esposo, hijo e hija.